AF599856

NARRATIVA

LA CASQUERÍA O LOS MENUDILLOS

LUCÍA SANTAMARÍA NÁJARA

HUERGA & FIERRO editores

HUERGA Y FIERRO EDITORES, S. L. U.
C/ SEBASTIÁN HERRERA, 9
28012 MADRID (ESPAÑA)
TELÉFONO: 91 467 63 61
E. MAIL: huerga@huergayfierro.com
WEB: www.huergayfierro.com

PRIMERA EDICIÓN
AGOSTO, 2025

DEPÓSITO LEGAL: M-16389-2025 - I. S. B. N: 979-13-990526-8-8
IMPRESO EN ROMADAC INDUSTRIA DEL LIBRO
IMPRESO EN ESPAÑA

Palabras previas

Todo empezó en 2013, cuando la revista digital *The Tentacle Magazine* me pidió una colaboración mensual. ¡Mensual! Que palabra tan corta para generar tanta presión. Yo, que escribía por placer, de pronto tenía un compromiso. Con fecha, con entrega, con expectativa.

Y ahí empezó el conflicto: convertir el placer en obligación, la pasión en calendario. Pensaba en esa gente que tiene que escribir un chiste cada día. ¡Cada día! Con humor, brevedad y actualidad. ¡Qué estrés!

Por cumplir con mi palabra (porque si algo tengo, además de sentido del humor —y bastante negro—, es sentido del deber), renuncié a las grandes historias y opté por lo pequeño. Qué más pequeño y mágico que un microrrelato en el que cabe todo: el humor, la crítica, el absurdo, el desconcierto... y, sobre todo, ese silencio que sigue al punto final: la reflexión.

Así nació la sección titulada: *La Casquería o los Menudillos de Lucía Santamaría.* —Seguí colaborando sin interrupción en revistas digitales: desde 2015 con *Letras del Parnaso* y desde 2019 hasta hoy con *Encima de la Niebla*—, dónde cuento los entresijos de una sociedad que duele, lo que remueve mis adentros, lo que me revienta las tripas, lo que me llega a las entrañas, lo sucio de nuestra sociedad, lo que nos sujeta y lo que nos separa. Lo que me inspira, tristemente, no son las musas, sino los telediarios.

Algunos textos o títulos (en un microrrelato tan importante es una cosa como la otra) me han llevado semanas, meses, incluso estaciones completas, hasta encontrar la palabra justa, la que aclare y no machaque el texto como un chiste explicado.

Este libro reúne una selección de esos microrrelatos, me gustaría que los leyeras sin prisas, uno al día —¿por qué no?—, como un paseo con pausas. Que lo mastiques, lo rumies y ojalá lo guardes. Algunos se entienden al instante; otros, con suerte, se entienden mañana. Y otros explotan cuando uno menos lo espera.

Aquí te dejo los que te desgarrarán las entrañas como a mí al escribirlos, los que te harán reír; los que te harán decir: ¡qué bruta!, los que te resultarán desagradables... pero al menos, mi querido lector..., son cortitos.

La Autora

Una pequeña reflexión diaria,
cambiaría el mundo.

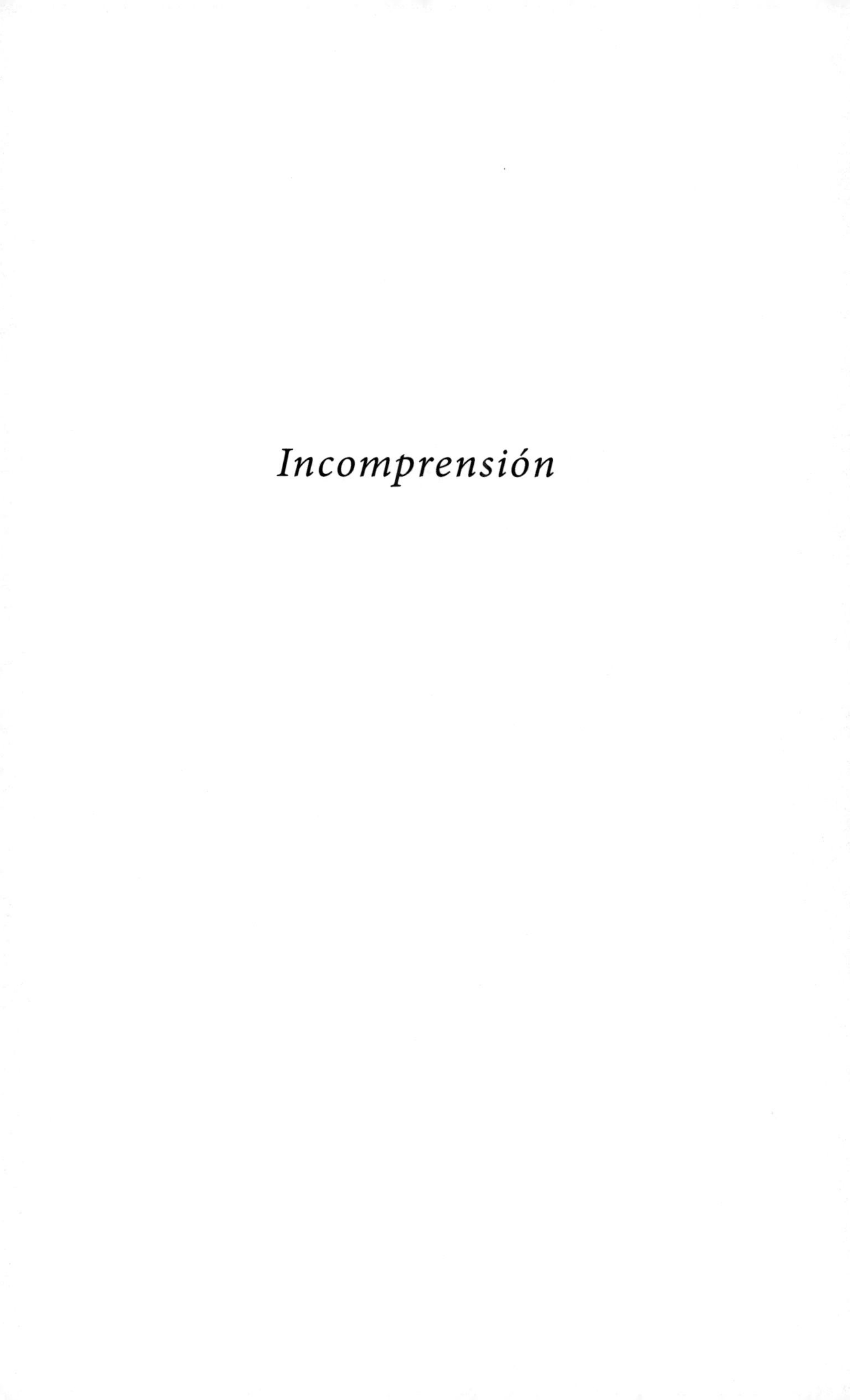

Incomprensión

Locura

Lo vi trepando por una farola. No me extrañó. Siempre había dicho que no tenía luz propia.

Aceptación

Soñó que estaba aislado con su soledad. Despertó, se reconoció y desde entonces viajan juntos.

Duelo

Y la pena fue tan grande que le cubrió. Le envolvió hasta tal punto que le dejó de doler.

"Alma en pena" le llaman desde que dejó de ser.

Miras

Soñaba con alcanzar las estrellas...
Y se estrelló.

Madres

Alquiló su útero por dinero y ahora, después de veinte años, sigue vagando por el nido vacío.

Desaliento

Habló y le callaron.
Habló y le callaron.
Habló y le callaron.
...
Habló.
Se cayó y se levantó.
Se cayó y se levantó.
Se cayó y se levantó.
...
Calló y se cayó.

Sueño imposible

Darme jamón en trocitos, acariciarme, recibirme pletórica al llegar a casa, besarme en el morro, dormir acurrucado a su lado y cuando sea necesario recogerme las caquitas con amor... Ese es mi deseo de esposo: "que me trate como al perro".

Aporta o aparta

Que si todo lo hacen mal...; que si algo sacarán...; que si fíate tú de las mosquitas muertas...;

¿No pueden meter a todos esos en el mismo bloque?

¿Vértigos?

¿O será que la tierra está girando demasiado deprisa?

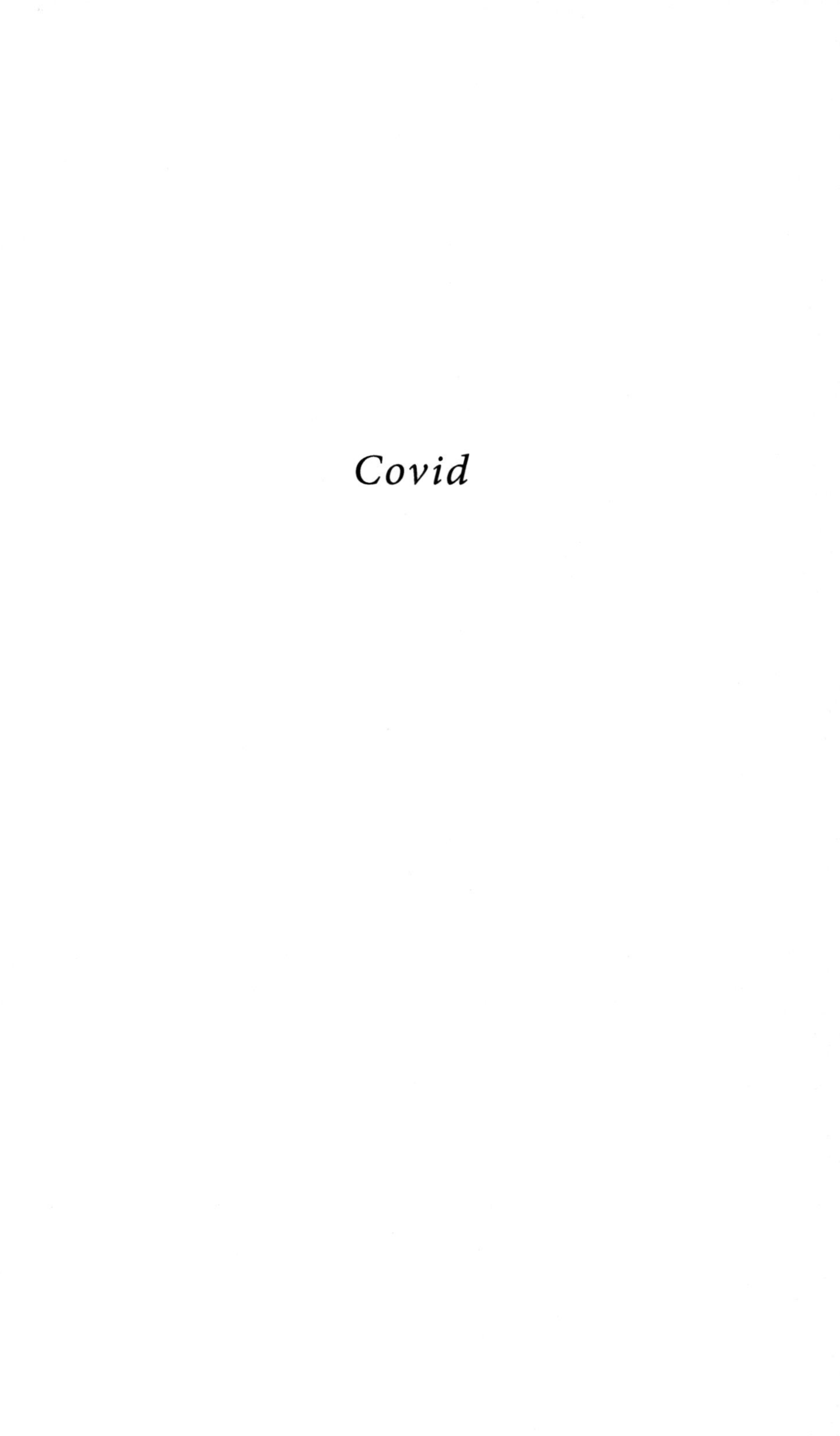

Covid

Los encierros 2020. Entre toros

—Este año en Pamplona, celebrando San Mínfer.

—Será San Fermín.

—No, no, al revés, San Mínfer: los del pañuelo rojo encerrados y nosotros pastando a pata suelta.

Máscara

Salió vestida de tristeza a recomponer su vida. El paraguas disimuló su desgana y la mascarilla su sonrisa perdida.

Suicidio Covid

Murió de una manera tonta, parece que se equivocó. Y lo que nunca sabrá es que su mujer y sus hijos ahora viven holgadamente con lo del seguro. Tienen la vida que él nunca pudo disfrutar.

Eso no lo sabía ¿o sí?

Mascarillas

¿Nos habrán tapado la boca?

Supervivencia

En periodos de adversidad, la vida vence. Lo he podido comprobar en la jardinera que tengo colgada en la barandilla del balcón. La maldita cuarentena me ha impedido plantar petunias como el año pasado. La verdad, han salido unas hojas que recuerdan a las lechugas. Hace un par de años en esa jardinera —puede que no cambiara la tierra— planté lechugas. La cosa es que después de quince días de encierro, cuando hace ya una semana que se acabó la verdura, al ver esas hojas tan verdes, tan frescas... me las estoy comiendo. Siempre me quedará la duda de si son lechugas —desde luego un poco raras— o de si las petunias se comen.

Miradas que matan

Y se demostró que una mascarilla no puede tapar la máscara.

Defensa propia

—Se pasa el día confinado.

—¿De nuevo el marido de Teresa?

—Otros diez días sin verlo. Me alegro por ella, porque no lo soporta.

—Ya, ya, pero tres veces enfermo de COVID en dos meses... ¡Menuda excusa para quitárselo de en medio tiene la doctora Teresa!

Avestruz

Con las mascarillas, las miradas se levantaron y se aprendió a mirar de frente. Muchos tardaron meses en conseguirlo y algunos todavía no han aprendido.

Venganza

Va siendo hora de que alguien le diga que todo acabó hace tres años. Ya me he cansado de pagar a los vecinos para que salgan a aplaudir a las ocho, de que el carnicero le lleve la compra, de que los policías pasen por debajo de su casa, de que manden WhatsApp porque esto sigue...

Era mala persona, aunque quizás no tanto.

Confinamiento

Después de tres meses sin llevar sujetador, el primer día que fui a trabajar me puse el cinturón encima de las tetas.

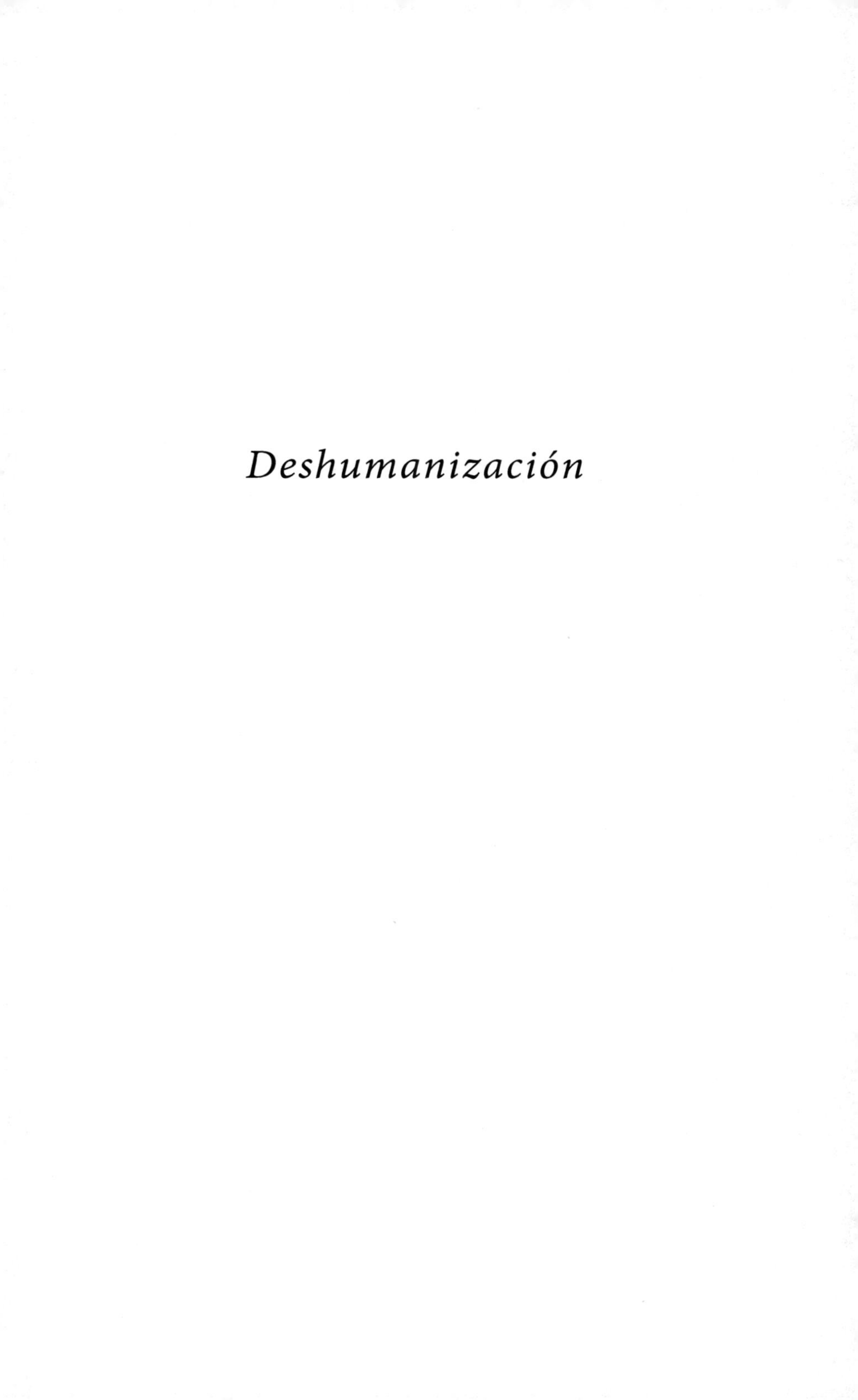

Deshumanización

Así nos va

Nunca se enfrentan, empleados ejemplares..., complacientes, conformistas, discretos, prudentes, educados...

¿Buenos o cabrones?

¡Angelito!

Ángel no olvidará aquel lejano día de vuelo. Iban a morir en su luna de miel.

El capitán le lanzó un paracaídas, solo había uno.

¿Él o su querida esposa?

Actualidad

Zapatos vacíos en el Mediterráneo; pies desnudos y estómagos hambrientos —ahora ambos inmóviles—. Juventud eterna en el recuerdo.

Alepo

De lo poco que guardaba en su mochila: un pañal de bebé. El que fue a poner a su niño cuando notó que ya no respiraba.

Los nuestros nunca mueren

—Venga, niña. Hay que seguir.

—Sí, señora.

—¿Vas sola?

—Sí, señora.

—¿No tienes familia?

—No, señora —y, sin que la viera, guiñó un ojo a su trocito de cielo.

—Andando, pequeña, que solo faltan cinco días para llegar a la frontera.

Marcada a fuego

Escondía los helados en un agujero del suelo. Guardó tantos, que entre los helados y las lágrimas la casa se inundó; se cayó el tejado y aplastó a su padre, el causante de tantas lágrimas nocturnas. Cuando terminaba, le daba un helado y la mandaba arriba a su cuarto. La niña cerraba la puerta, se hacía lágrimas y lanzaba rabiosa el nuevo helado, otro, al agujero.

Lucidez

—Ayer estudiábamos... y mañana estudiaremos el de...

» Hoy nos toca el de Punta Arenas, otro de los cementerios más famosos del mundo. Hileras de cipreses gigantes recuerdan a los laberintos medievales, donde se perdían las damas...

» ¿Quién podría decirme el nombre de otro cementerio famoso?

—Yo, yo —balbuceó un chico que se había colado en el grupo, al que no había visto nunca en clase.

—Perdón, es mi hijo. No tenía con quien dejarlo y lo he traído. Tiene pocas luces.

El chaval que "tenía pocas luces" se incorporó y gritó:

—¡¡¡¡MEDITERRÁNEO!!!!

¿Primer mundo?

—Lo importante —dicen los del "tercer mundo"—, lo primero, es proteger a nuestros mayores.

Ilusos, creen que no se puede hipotecar la sabiduría de un pueblo.

Dios aprieta y sí ahoga

Hasta que decidan mandar la "Ayuda Humanitaria" unos metros antes de tirarse al mar.

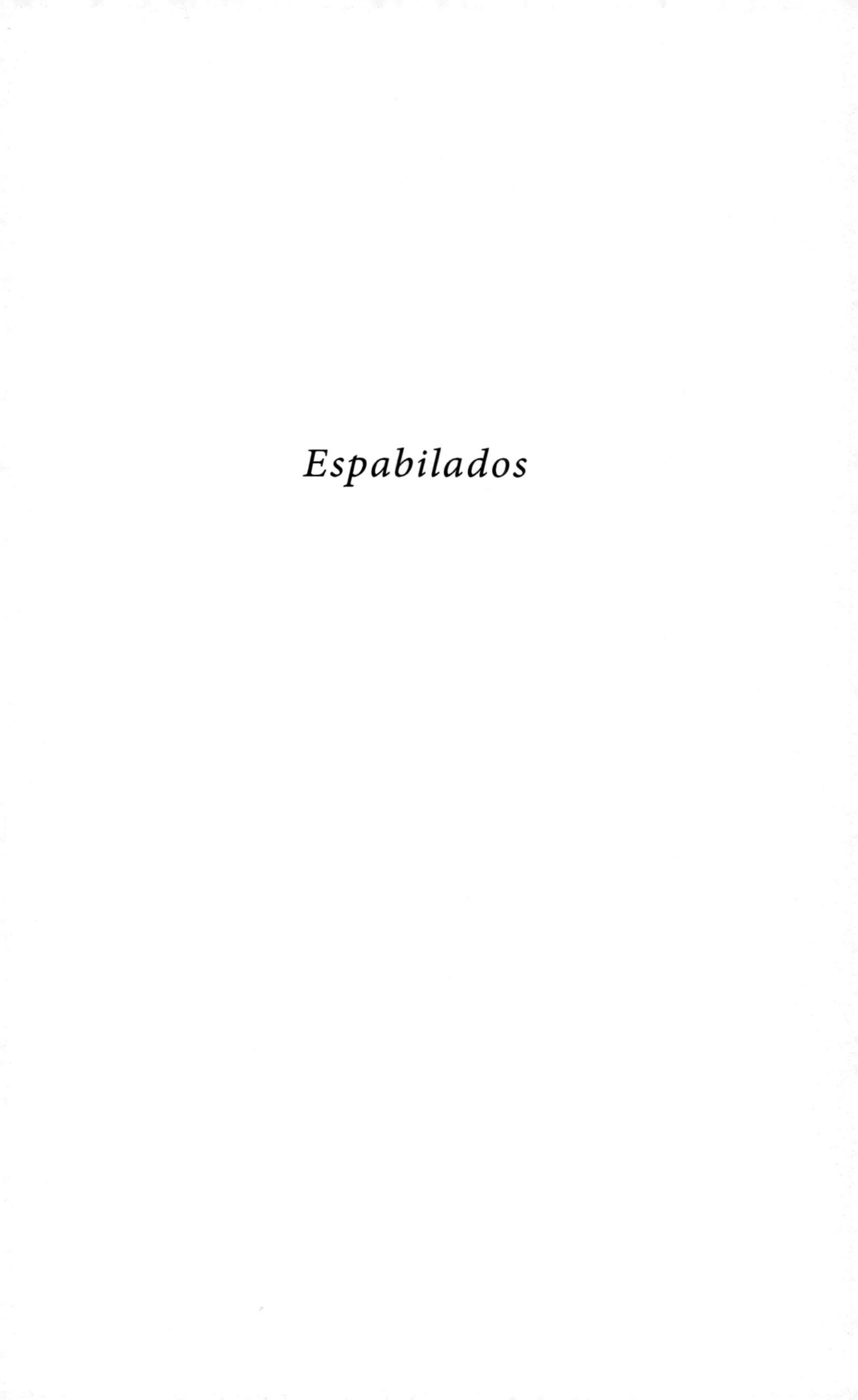

Espabilados

Seguridad

—Estoy encantada. Desde que nos pusiste en la urbanización las alarmas, ningún robo.

—¡Curioso!

—¡El mejor dinero invertido!

—¡Seguro!

—Es caro, muy caro. Nosotros lo pasamos mal para afrontar otro gasto mensual, pero da tanta seguridad...

—¡La mejor inversión!

—Pues sí. Me han dicho que te has comprado un par de chalés y otro coche.

—Bueno, me va bien. No puedo quejarme.

—Y tú ¿Has puesto alarmas en los chalés?

—No, de momento no. Ya sabes en casa de herrero... Ah, te dejo que tengo prisa.

Se alejó con la sonrisa en los labios. Se acercaba la hora del robo. De volver a captar nuevos clientes.

Genio y figura

Por fin, papá había dejado de tomar whisky después de comer.

—¿Lo de siempre? Le preguntó el camarero.

—Sí, sí, un poleo.

Y pasaron los años, hasta que un día mamá teniendo el estómago revuelto dio un trago.

Mejor no relatar lo sucedido. Aquello de color amarillento que le servían en taza, plato y cucharilla...

Altruismo camuflado

Las mujeres de mi barrio se han puesto de acuerdo para donar los cuerpos de sus difuntos maridos a la ciencia.

Ah, y con lo del sepelio se van de viaje turístico en transatlántico.

Gilipollas

Cómo íbamos a imaginar que no sabía nadar. Llevaba años metiéndose en el agua tumbado en la colchoneta de aire. Avanzaba con los brazos aguas adentro y parecía el jefe. Tanto, que le llamaban el marajá del pantano.

¿Seguro de vida o de muerte?

—Tengo un seguro de vida por el que pago cien euros al mes. Cuanto antes me muera antes empiezo a amortizarlo.

Nuevos zurdos

La banda se especializó en aparatos digitales. Y para tener acceso, también tuvo que robar... los dedos.

El buen padre

El propietario del famoso laboratorio in vitro, apodado de joven “pichaloca” —por cierto, hace muchos meses que ha dejado sus andares saltarines para arrastrar los pies como un anciano derrotado—, confirmó que unas cuantas docenas de hijos pertenecían a su banco de semen, pero lo que no dijo es que cuando el año pasado se fue la luz durante una semana, el grupo electrógeno estaba estropeado.

A la sopa boba

Y se acostumbraron a vivir de las subvenciones. Se les apagaron las ideas, se acabaron los proyectos y decidieron que las personas con inquietudes no tenían cabida en el pueblo.

Los divorciados, los que se han quedado con la casa

Que levanten la mano cuántos se han comido la bolsa de guisantes del congelador, la de los esguinces.

Superstición escabrosa

—Mira, qué curioso —decía una señora que estaba en la puerta de la iglesia leyendo las esquelas con otra mujer—: dos "Lucías", las dos se llamaban igual.

—"Jodo —dijo la que pasaba por la acera—, yo no me acerco".

La Marquesa de Chorrapelá

Vendió todo lo que tenía, se hipotecó hasta las trancas, volvió al pueblo y compró una casa. Y para que fuera "*La Casa de la Parra*" —siempre fue su sueño—, plantó una parra.

Ahora, por fin —sin nada que echarse a la boca— es *La Señora de La Casa de la Parra.*

¡Siempre se van los mejores!

Desde que oyó la frasecita... la cabrona practica para irse la última.

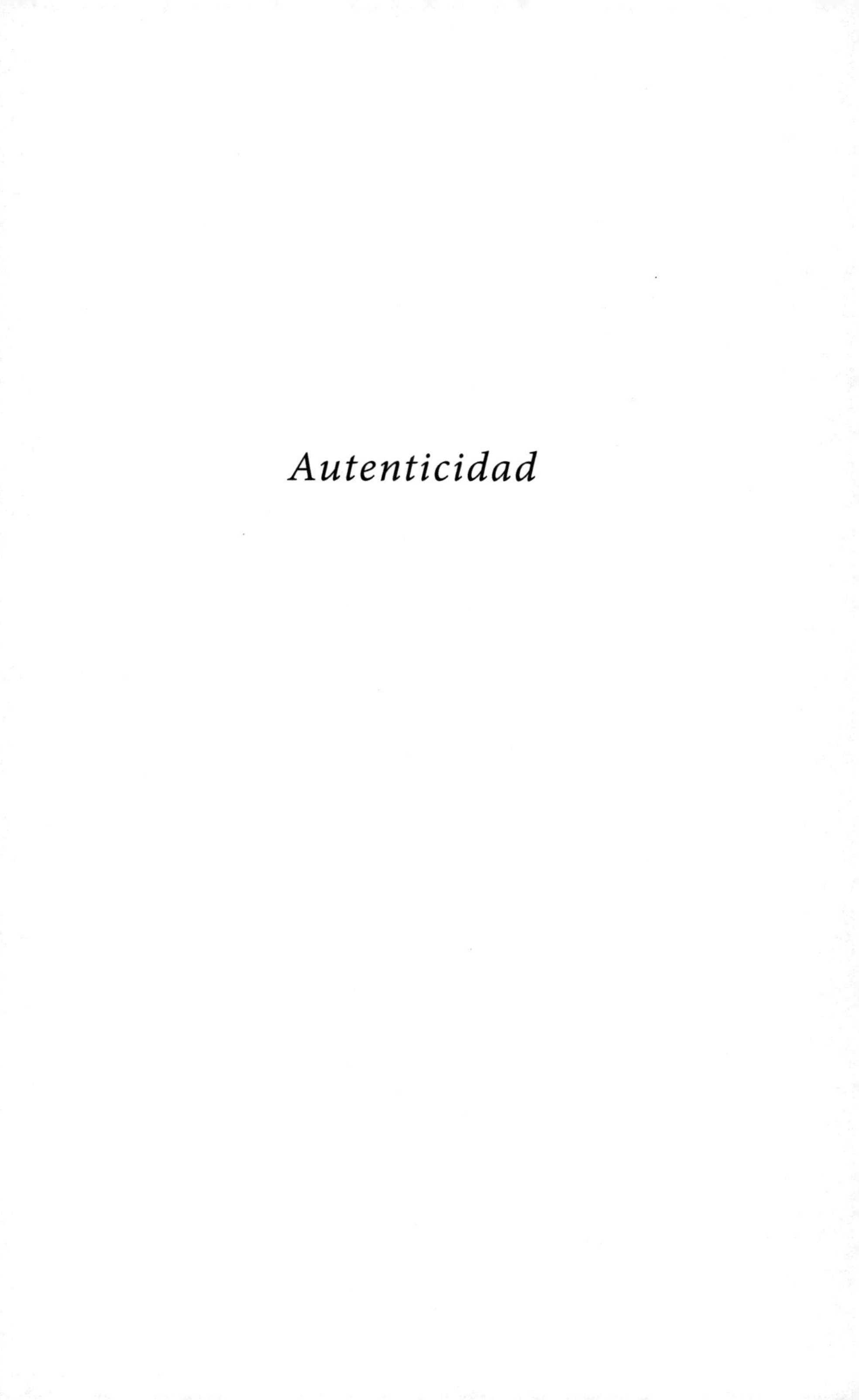

Autenticidad

Amor eterno

Otro caso más. Encontraron a los ancianos abrazados. Ella, sonriente, con un disparo en el corazón, él en la sien.

Y siguen diciendo que ha sido violencia de género.

Semáforo

Estuvo mucho tiempo parado, negándose a pasar al otro lado.

Al final, no le quedó más remedio que cruzar para no dejar de ser él y admitir que, afortunadamente, no todos vamos por la misma acera.

¡Mamma mía, que vergüenza!

—¿Vergüenza por esto?... A mí sí que me da vergüenza cuando te veo...

El ridículo a cada uno se nos coloca en un sitio. A muchos en el culo.

Redentora

Maricruz. ¡Qué bien bautizada estaba! Siempre con su nombre a cuestas. Pendiente de reacciones y necesidades de todos. Cada vez le pedían más y le exigían más. Se obligó tanto tanto, que acabó crucificada en su propia cruz.

Verdadera o falsa

Casa ordenada, sin un enredo y con los armarios petados y revueltos. Casa desordenada, vivida y armarios ordenados.

El fino

Ya no nos conoce. Olvida todo, pero nunca dónde está el jamón.

¿Fracasado?

Salió corriendo para escapar del rebaño e ir a contracorriente; soltó las ilusiones y las baladas libres mezcladas con sueños, destellos y fuegos artificiales.

Atrapó el veneno dentro del otoño..., y desde entonces baila.

...Hasta que la muerte nos separe

¡Sólo le pido a Dios seis meses de viuda!

Amistad

Con los dedos de una mano

Y se dio la vuelta otra vez cuando más falta me hacía.

—Ah, llámame si me necesitas —dijo sabiendo que sólo eran palabras.

Bocazas

Su marido era insufrible. Cada vez que abría la boca daban ganas de estrangularlo. A todos los amigos, incluida esposa, les pasaba lo mismo. Hasta que ¡zas!, el día de su cumpleaños apareció estrangulado con siete cordeles en el cuello.

La policía encontró en la casa, conmocionadas, a las cuatro parejas de amigos —ahora tres y la viuda— dando vueltas a los antebrazos mientras repetían un extraño mantra: "hilo, hilo que yo no he sido".

Donde las dan las toman

Se permitió el lujo de abandonar la amistad en momentos decisivos.

Y el mundo como no para... dio la vuelta.

Como agua de mayo

Esperó a la nueva temporada de setas. Recogió todas las Amanitas Phalloides que pudo e hizo unos sándwiches para sus amigos. Él era especial. Bueno el único de la pandilla que no era inteligente —bien se encargaban todos de repetírselo a diario—, pero era un excelente cocinero.

Entendederas

Hay quien pide y parece que da; y hay a quien se le quiere dar y lo interpreta como si se le estuviera pidiendo.

¿13 o 26?

¿12 discípulos y el maestro?

Desde cuándo en una cena no hay comensales a los dos lados. Aunque sea la última.

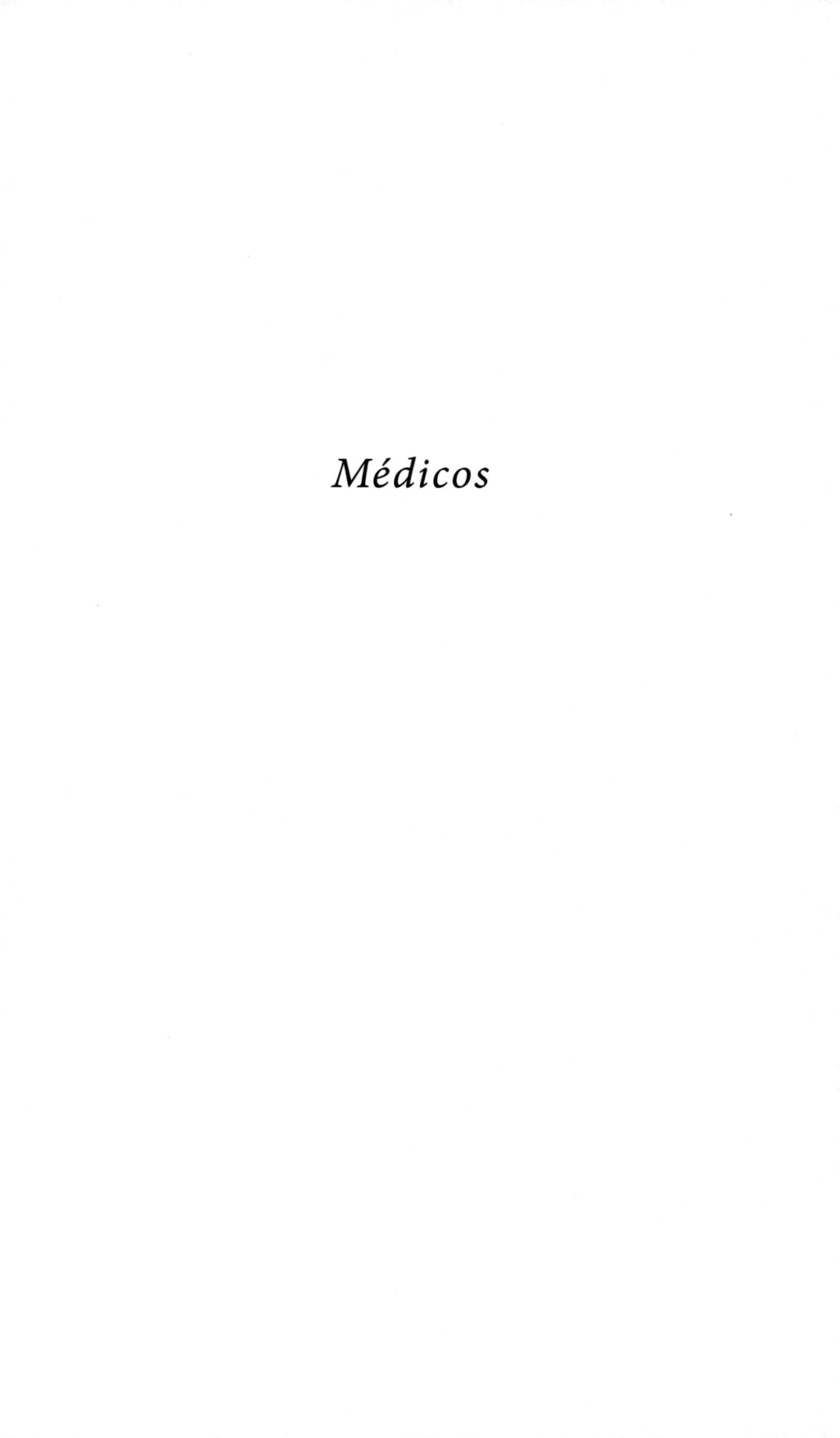

Médicos

A la vejez viruelas

No hizo vida de cojo porque no lo sabía. Le dijeron —a los setenta años en un escáner— que su pierna izquierda era más corta. Nunca, Isaías Ramírez "El lento" supo que era cojo.

Un cojo que no pudo ser cojo, porque no lo sabía.

Nuevos tiempos

—Doctor.

—Sí, dígame.

—Doctor, me muero.

—A ver, tranquilícese. Yo le haré el seguimiento. Le llamaré todos los días.

—Doctor, me muero.

—Tome paracetamol cada ocho horas y no se preocupe, mañana le volveré a llamar.

Y así fue, al día siguiente sonó el teléfono. Era el doctor. Nadie contestó.

Porque los muertos no responden.

La coja

¡Anda que no hay cojos cuando tú estás coja!

Adicto al móvil

Lo que no se mueve se muere.

Y se le cerró el párpado derecho... Al mes siguiente el izquierdo.

Buen micólogo

—Le pido que haga todo lo posible por mantener con vida un poco más a mi marido.

—Lo intentaré.

—Gracias, doctor. Ay, cuánto lo voy a echar de menos, sobre todo en esta temporada de setas. Sabe, doctor, era el mejor buscador de setas de toda la comarca. Solo él conocía los sitios.

—Vamos, mujer. Tiene que ser fuerte —le dijo mientras salía de la habitación dejando a madre e hijo.

—Hijo, ¡a trabajar!

—Mira, mira, se pone morado cuando le aprieto la garganta y ni aun así... No se puede llevar los "seteros" a la tumba.

—Sigue, sigue, hijo. Yo creo que está a punto de cantar.

¿Racionales?

Está triste, con muchos dolores y apenas come. Acabo de cogerle cita para mañana en el veterinario que hay en mi calle. Lleva mucha fama. He oído que hace un chequeo completo. La examinará de arriba abajo y nos dará las pruebas en el día. Dicen que es muy atento y que con él todo son facilidades.

Mi mujer no está para esperar otros cuatro meses que le dijo el especialista de la Seguridad Social.

Otros para pensar

Defensor a ultranza

Intelectual, querido, valorado, predicador de dignidad, justicia e igualdad; pensador que creó escuela.

Nunca sus escritos contaron que a sus sesenta años jamás había fregado un plato, ni hecho una cama, ni había planchado, ni barrido... eso se le daba mal. Decía que no lo sabía hacer...

Lo suyo era pensar.

Puntualidad

Era la primera en llegar a la oficina, al mercado, al cine o a misa, daba lo mismo adonde fuera.

Asquerosamente puntual para todo, menos para los abrazos.

Exterminio

—Mira —le dijo la hormiga madre a la hormiga hija.

—¡Hala! ¡Qué hueso tan grande!

—Son restos de "Humano".

—Mamá, ¿los Humanos eran esos tan raros, que andaban levantados y que eran muy listos?

—Bueno, listos, listos... a mí nunca me lo parecieron.

—¿Y por qué desaparecieron?

—Dicen que a mediados del siglo XXI se reunieron todas las mujeres del mundo. Hartas de tanta discriminación, de tanta desigualdad, y de tantos llantos por las guerras. Estuvieron tres días encerradas en unas cabañas de palos y mantas que ellas mismas construyeron. Nadie sabe lo que allí pasó. Al cuarto día las mujeres regresaron a sus casas, y retomaron las vidas que habían dejado. Parecía que no había pasado nada, pero jamás, hija mía, jamás volvió a oírse el llanto de ningún bebé que no hubiera sido engendrado antes de aquellos días.

¡Sit! ¡Plas!

Vivió con la obsesión de escribir una novela histórica. Fue su sueño. Siempre alrededor de escritores que lo habían hecho. Nunca lo consiguió, pero casualmente su hijo ya lleva dos escritas.

El verbo se hizo carne.

Aula de memoria

Al final de curso, de entre todos los cientos de alumnos que van a clase en el Centro de la Tercera Edad, los de “Memoria” eran los únicos que salían con título.

¿Será para que no se les olvide?

Despachar

—¡Eh, tú, la cocina se cierra ya! —me gritó el camarero desde el otro lado de la barra. Miré la puerta porque no sabía si me estaba echando del bar o podía pedir las banderillas.

Nido vacío

Antes se iban de casa, ahora se meten en el ordenador y desaparecen dentro de su propia habitación.

...Más que el ajo

La edad de los caballos se sabe por los dientes y la de los humanos por sus frases.

Limitados

Tantos simulacros y cuando nos sacan de la raya sucumbimos.

¡BORREGOS!

Tercera edad

—Pedro —le dijo al conserje—, me puedes decir, dónde está el "Aula de Memoria" que todos los días se me olvida.

...El muerto al hoyo y el vivo al bollo

REALIZAMOS TRABAJOS DE CEMENTERIO:
PANTEONES, LÁPIDAS, NICHOS, LIMPIEZAS...
Y ENCIMERAS DE COCINA Y BAÑO.

Paradoja de Salomón

Consejos vendo y para mí no tengo. Acudían al rey judío a por sus consejos, al que arruinó su reino por su mala cabeza.

Háztelo mirar

Después de un año seguía esperando que la nueva ciudad donde residía le acogiera como se merecía. Otra vez se estaban portando fatal con él.

Les daría seis meses más y si no se abrían, cambiaría de ciudad.

Esta era la octava.

*Autorretrato**

**En el 2014, se pusieron en contacto conmigo para el lanzamiento de una hermosa revista THINK SO-2014, me pidieron un selfi: en foto y en texto. Así que, habiendo encontrado este texto lo dejo a modo de colofón para que así podáis conocerme un poco más.*

(Publicado en el número 1 la revista THINK SO-2014)

¿Un selfi...? Vale. Después de media docena de pruebas he conseguido una foto decente —tampoco me preocupa mucho—, pero ¿un autorretrato narrado? Es lo más difícil que, hasta ahora, me han pedido. Sé que hablaré bien de mí, pues ¿quién va a tirar piedras contra su propio tejado? Pero como por honrada me tengo (ahí va mi primer piropo) dejaré la claraboya abierta para que cada lector arroje las suyas. Sé que hablaré, más que de lo que soy, de cómo me siento. Puede que solo escriba de la imagen que yo me he hecho de mí misma, para sentirme a gusto con la vida. Así que no puede ser muy mala.

Despistada, muy despistada, de los que tropiezan con un elefante por no haberlo visto, mientras coleccionan detalles. Al fin y al cabo, el día a día, esos pequeños detalles —esas anécdotas— son lo que llenan nuestras vidas y lo que con bastante frecuencia nos definen. Me viene a la cabeza una de esas anécdotas, que quizás sirva para describirme:

Tenía poco más de veinte años cuando empecé a trabajar en Madrid. Aquel día, antesala del puente del día del padre, aún puedo verme corre que te corre hacía la estación de Chamartín para regresar a Soria, a mi casa con la camisa de cuadros rojos y azules, los vaqueros, las camperas y arrastrando bolsa con la ropa sucia —la mía y la de mi hermana. ¿Quién ha dicho que en aquella época los jóvenes éramos diferentes?—. Cuando llegué, la estación estaba a reventar y en la taquilla colgaba el cartel de "No hay billetes". Eso, pensé, bien me está por dejar —como siempre— todo para el final.

Allí no había billetes para el tren y yo tenía que volver a Soria. Era el día del padre, era puente y necesitaba escapar de la gran ciudad, además nunca me había pasado eso —el quedarme sin billetes para Soria—. El tren estaba a punto de salir mientras yo seguía insistiendo en que me dejaran subir... que pagaría el billete con recargo o como fuera, pero nada. El revisor sin hacer caso ni a edad, ni a desesperación, cabezón, que no, que no y que no. En eso vi a tres chicas con equipaje en las escaleras de acceso a uno de los vagones, las únicas pasajeras que quedaban fuera del tren, bastante más mayores que yo, llamativas en el vestir, y que andaban por ahí encarándose al revisor. ¿Tenéis billetes? —les pregunté—. No, pero vamos a subir. ¿Pero...? Ven con nosotras. Asustada, nunca había hecho algo así, pero sabiendo que únicamente yo era responsable de mis actos y mi decisión solo me podía perjudicar a mí, las seguí. Entramos en el tren y al estar todo lleno, se fueron —y yo detrás— a sentar en el suelo del recinto que quedaba entre la máquina y el primer vagón. Eran muy simpáticas, habladoras, parlanchinas y bien diría un poquito descaradas. Allí sentadas en el suelo empezaron a sacar con desparpajo fiambreras (hablamos del año 1981) y yo desenvolví mi bocadillo que puse en el centro para compartir. El revisor vino y nos dijo muy serio que, en Alcalá de Henares, nos bajaría. Sentí una mezcla de angustia y pánico, en aquella época no había móviles, ni tenía dinero para un hostal —tampoco existían tarjetas de crédito— y más miedo me dio cuando me imaginé, con aquellas mujeres que eran (tardé tiempo, mucho tiempo en darme cuenta) bastante ligeras de lenguas y de manos (como buenas profesionales), escondida tras una farola en Alcalá mientras ellas hacían la calle. Enseguida engatusaron a los maquinistas que salieron al ver el percal y allí, alrededor de nosotras compartieron merienda, palabras soeces y risas; convencieron al revisor para que nos dejara viajar. Violenta, pero quieta, aguantando el tipo para poder llegar a Soria, cuando un sudor frío se apoderó de mí al ver que uno de los maquinistas se ponía a mi lado. Se agachó, pues yo estaba sentada con ellas en el corro que habíamos formado en el suelo cercando tortillas, chorizos y fiambreras. Me quedé rígida con el puño bien apretado y preparado. El maquinista muy cerca de mí se pegó a mi oído y me dijo: "tranquila que se te nota que tú no eres".

Aún sigo siendo aquella ingenua, despistada, confiada y empeñada en cumplir objetivos, que no se le pone nada por delante, atrevida y valiente sin ser temeraria —al menos eso creo—, bien podría llamárseme, como al maquinista, "cabezota" mezcla de sangre soriana y aragonesa. En una edad que hace ver que nadie es más que nadie donde el fracaso no tiene cabida cuando el reto es uno mismo, ya que esto permite aprender más de las equivocaciones que de los aciertos. Vividora de presentes, que eliminaría el "hubiera o hubiese" y todo tiempo pasado de reproche; que intenta vivir el hoy, sabedora de que en futuros no se pueden gastar ni tiempo ni energía.

Afortunada desde la cuna, pues por medio palmo del mapa podría haber nacido en tierra de hambre, guerra y miseria, y por haber encontrado en mi camino gente que me ha hecho crecer como persona.

Rebelde, con la rebeldía cómoda, apoyada en la confianza que dan los años, cuando te das cuenta de que no tienes que demostrar nada a nadie y comprendes que tampoco puedes gustar a todo el mundo; con la convicción y la seguridad de ser yo, sencillamente yo.

Hace tiempo que tropecé conmigo misma y desde entonces tengo el convencimiento de tener la obligación —como persona y como ciudadana— de barrer mi parcela, sobre todo para mantener la imagen que importa, la única que realmente importa: la que uno tiene de sí mismo.

Índice

DESHUMANIZACIÓN

ESPABILADOS

AUTENTICIDAD

AMISTAD

MÉDICOS

OTROS PARA PENSAR

La última versión de esta obra
se terminó el 18 de junio,
fecha muy importante para la autora
y Día Internacional de la Lucha contra el Discurso de Odio.
Además, se celebra el Día Internacional del Picnic.

FINIS CORONAT OPUS